UN MOT

A

TOUT LE MONDE.

DE L'IMP. DE Mᵉ JEUNEHOMME-CRÉMIÈRE,
RUE HAUTEFEUILLE, nᵒ 20.

UN MOT

A

TOUT LE MONDE;

Par M. J. B. SALGUES.

A PARIS,

Chez **DELAUNAY**, Libraire, Palais-Royal; et chez
tous les marchands de nouveautés.

1818.

UN MOT

A

TOUT LE MONDE.

Lorsqu'après vingt-cinq ans de troubles, d'anarchie et de despotisme, des événemens inattendus ramenèrent dans sa patrie, et replacèrent sur le trône de ses aïeux, ce Prince véritablement desiré, que nos discordes civiles avaient forcé de s'exiler, tout devait nous faire croire que la fortune, enfin reconciliée avec nous, avait mis un terme à nos maux, car les factions ne s'agitent qu'en l'absence de l'autorité légitime. Tous alors se disputent la puissance, parce que la puissance n'appartenant à personne, tous y ont un égal droit. C'est ainsi que dans le cours de nos orages révolutionnaires, nous avons vu les premiers destructeurs du trône se partager quelque temps les lambeaux de la monarchie. Mais bientôt ils trouvent des rivaux parmi ceux qu'ils s'étaient flattés de gouverner. Robespierre et Danton ne voient pas pourquoi ils obéiraient à Pétion et à Brissot, quand ils peuvent commander eux-mêmes. Une insurrection avait renversé le trône, une insurrection fait tomber ceux qui l'avaient abattu. Pétion et Brissot périssent, et Robespierre règne ; mais son autorité n'ayant d'autre légitimité que la violence, une nouvelle violence l'envoie à l'échafaud. C'est aussi par la violence que le Directoire est établi ; c'est par la violence et les insurrections qu'il se soutient ; et c'est enfin par une insurrection qu'il tombe, et que Buonaparte se saisit de l'autorité.

Si la puissance de Buonaparte a duré plus que les autres ; si elle a paru plus fortement constituée, c'est qu'il sut imposer aux partis, et tenir d'une main forte les rênes du gouvernement ; c'est qu'il eut le bon esprit de se rapprocher des formes de la monarchie légitime, et de caresser les habitudes de la nation ; c'est qu'il comprit qu'il était plus facile de changer les lois d'une nation que de changer ses mœurs. Mais quelque habile que fût Buonaparte, ses titres n'en étaient ni plus solides ni plus respectables; car c'était encore d'une faction qu'il tenait l'autorité. Parmi tant de généraux qui s'étaient illustrés par la gloire des armes et les services rendus à la patrie, il n'en était aucun qui ne pût faire valoir les mêmes droits que lui, et telle est la justesse de cette observation que, sous son règne même (ce règne qu'il mettait en péril tous les ans), c'était une idée généralement adoptée, que la France était arrivée au même degré où se trouva l'empire romain, lorsque Galba s'empara de l'héritage de Néron, Othon de celui de Galba, Vitellius de celui d'Othon, et Vespasien de celui de Vitellius.

Tout est donc incertitude ou désordre quand la puissance n'est pas fondée sur les lois; c'est parce que Buonaparte était convaincu de cette vérité, qu'il ne négligea rien pour fonder sa puissance nouvelle sur les bases de la légitimité, et l'un des traits peut-être les plus remarquables de son histoire, c'est que ce fut lui qui le premier, dans une circonstance mémorable, rappela ce dogme antique de notre monarchie : *Le roi est mort, vive le*

roi! (1) Il y eut, à la vérité, une grande irré-
flexion dans cette profession de foi ; car si le

---

(1) Il n'est pas un homme d'état, pas un législateur,
pas un écrivain exercé dans la science du droit et des
intérêts des nations, qui n'ait professé le dogme de la
légitimité.

Lorsqu'en 1812 le général Mallet eut tenté de renverser le gouvernement même de Buonaparte, celui-
ci, à son retour de Russie, s'empressa de faire profes-
ser à toutes les autorités constituées le principe de la
légitimité. Le sénat, par l'organe de son président,
lui dit :

« Heureuse la France que sa constitution monarchi-
« que met à l'abri des effets funestes des discordes ci-
« viles, des haines sanglantes que les partis enfantent,
« et des désordres horribles que les révolutions en-
« traînent ! »

Buonaparte, du haut de son trône, lui répondit :

« J'ai à cœur la gloire et la puissance de la France;
« mais mes premières pensées sont pour tout ce qui
« peut perpétuer la tranquillité intérieure et mettre à
« jamais mes peuples à l'abri des déchiremens des fac-
« tions et des horreurs de l'anarchie.

« Nos pères avaient pour cri de ralliement, *le roi*
« *est mort, vive le roi !* Ce peu de mots contient les
« principaux avantages de la monarchie. »

Il ajouta ensuite :

roi ne meurt point en France, il était alors
évident que Buonaparte régnait contre les

« C'est à cette ténébreuse métaphysique, qui, en
« recherchant avec subtilité les causes premières, veut
« sur ces bases fonder la législation des peuples, qu'il
« faut attribuer tous les malheurs qu'a éprouvés notre
« belle France. Ces erreurs devaient et ont effective-
« ment amené le régime des hommes de sang. En
« effet, qui a proclamé le principe d'insurrection
« comme un devoir ? qui a adulé le peuple en l'appe-
« lant à une souveraineté qu'il était incapable d'exer-
« cer ? »

« L'histoire peint le cœur humain; c'est dans l'ex-
« périence et l'histoire qu'il faut chercher les avan-
« tages et les inconvéniens des diverses législations :
« voilà les principes que ne doivent jamais perdre de
« vue les magistrats d'un grand empire; ils doivent
« y joindre un courage à toute épreuve, et à l'exemple
« des présidens Harlay et Molé, être prêts à périr en
« défendant le souverain, le trône et les lois. »
Toutes les grandes corporations exprimèrent le même
vœu que le sénat.

« Instruits par l'expérience, dit l'une, nous savons
« que la France ne peut avoir de repos que dans la
« monarchie, que la monarchie elle-même ne peut
« être solidement établie que sur le système de l'hé-
« rédité de la couronne.

lois, puisque la loi appelait Louis XVII au trône de Louis XVI, et Louis XVIII à celui de Louis XVII. Mais la force de la vérité l'emporta.

C'est donc un grand bienfait pour les peuples, que cet ordre de succession invariablement établi par les consitutions des états; car il les met à l'abri des tourmentes politiques, et du jeu cruel des ambitions et des rivalités.

Deux fois nous avons vu le trône de France privé de son légitime souverain, qu'avons-nous éprouvé dans le cours de ces deux interrègnes?

« Tous les Français, dit une autre, demeureront dé-
« sormais convaincus que ce n'est que du gouver-
« nement naturel de leur pays, de ce gouvernement
« tutélaire que vous leur avez restitué, qu'ils peuvent
« attendre et obtenir l'ordre, la conservation et la
« tranquillité. »

« Le bon sens, dit une troisième députation, est le
« premier besoin des sociétés; c'est lui qui terrasse
« l'anarchie et les factions en proclamant l'hérédité du
« trône; c'est lui qui fit de cette loi un dogme fran-
« çais, et si je puis parler ainsi, un article fondamental
« de la foi politique de nos pères. La nature ordonne
« en vain que les rois se succèdent, le bon sens veut
« que la royauté soit immortelle. »

Que de sang, de meurtres, de désolations de tous les genres durant le funeste intervalle de 1792 à 1800 ! et quelle tyrannie depuis 1800 jusqu'en 1814 ! Quel repos au contraire et quelle sécurité depuis 1814 jusqu'au mois de mars 1815 ! Alors le prince victime de la plus noire des trahisons, est de nouveau forcé de s'éloigner de ses états. Dans le court intervalle qui nous prive de sa présence, de quelle horrible anarchie, de quels sanglans désordres n'avons-nous pas été témoins ? Le monarque rentre, et tout rentre dans l'ordre avec lui ; car telle est l'autorité de ses droits, que personne n'oserait lui opposer de chimériques prétentions.

Ainsi, en rendant le sceptre à qui il appar-

« Sire, en votre absence un complot détestable a « été tramé. Des insensés ont tenté d'ébranler ce que « le génie et le courage avaient fondé ; ils voyaient « l'auguste rejeton de notre empereur, et ils ont connu « ce principe fondamental de la monarchie : *que le roi* « *ne meurt pas.* Précieux adage consacré par nos pré-« décesseurs, dépositaires naturels d'une constitution « qui n'avait pas besoin d'être écrite. »

(*Discours de M. le président de la cour d'appel.*)

tient, le peuple fait un acte d'une haute sagesse; car il rétablit le droit à la place de la
force, il met un frein aux ambitions jalouses
et usurpatrices, et un terme irrévocable à la
révolution. Le retour de nos rois légitimes
est donc pour la France le plus grand des
bienfaits. Ce fut celui de 1814.

Pourquoi donc faut-il que, quatre ans après,
il se trouve des ennemis de la paix et du bonheur public qui prétendent encore aujourd'hui
remettre en problême ces maximes d'ordre et
de salut public, qui sous prétexte de servir les
intérêts du peuple, et d'assurer le triomphe de
la liberté, s'efforcent tous les jours de ruiner
les fondemens de l'autorité, nourrissent les dé-
fiances, fomentent les haines, enflamment les
passions ?

Pourquoi faut-il, quand la France devrait
jouir de tant de sécurité, qu'il y ait encore
des partis qui s'observent, se heurtent, se
combattent ? et quand les amis du trône ont
besoin de tant d'union, pourquoi le trône lui
même trouve-t-il parmi ses plus ardens défenseurs, des esprits chagrins, des ames exal-
tées qui ne voulant de monarchie que celle
qu'ils ont conçue, s'irritant de tout ce qui

n'est pas conforme à leurs idées, n'hésitent pas à se tenir loin du trône, au risque (si ce malheur était encore possible) de le livrer une seconde fois sans défense, aux attaques de ses implacables ennemis? Ne nous faisons point illusion. Nous sommes encore loin de sentir le prix de ce nouvel ordre de choses qui s'est établi depuis la mémorable époque de la restauration. Trop d'intérêts se combattent, trop de rivalités et de jalousies nous détournent de la pensée du bien public. Occupés presque entièrement de nous-mêmes, livrés à nos passions individuelles , nous oublions l'objet unique vers lequel nous devrions diriger toute notre attention : le culte de la monarchie.

En ce moment, deux grands partis agitent la France plus qu'ils ne la divisent; les zélateurs de la liberté désignés sous le nom d'*indépendans*, et les zélateurs de la monarchie absolue , désignés sous le nom d'*ultrà-royalistes*. Examinons quelles espérances ou quelles craintes on peut concevoir de cette disposition des esprits.

DES INDÉPENDANS.

Il serait difficile de rappeler toutes les dénominations sous lesquelles l'esprit de parti s'est produit parmi nous depuis près de trente ans. Nous avons eu successivement les aristocrates et les démocrates, les jacobins et les feuillans, les girondins et les montagnards, les sans-culottes et les chouans. Les maratistes, les hébertistes, les dantonistes, les robespierristes, les babouvistes, ont aussi formé une famille nombreuse. Les *indépendans* sont d'une origine plus récente ; et si l'on demande à quelle époque il faut la reporter, on répondra qu'elle ne remonte pas au-delà de l'interrègne des cent jours. Ce fut alors que l'on vit naître sous le titre *d'indépendant*, un journal consacré au soutien et à la propagation des idées libérales. Son existence fut de peu de durée, mais sa dénomination se conserva chez ses affidés, puis s'étendit à tous ceux qui se donnent pour les défenseurs de la liberté, et des intérêts de la révolution.

Mais ces *indépendans* aujourd'hui, réunis sous les mêmes enseignes, et combattant en

apparence pour la même cause, ne tarde-
raient pas à se diviser s'ils étaient obligés de
se faire un aveu sincère de leurs intentions.
Les uns, franchement attachés au roi et à la
charte, ne défendent la cause des idées libérales, que parce que ces idées leur semblent
justes, vraies, utiles aux peuples comme aux
souverains. Ils ne se donnent pour indépendans, que parce qu'ils craignent de dépendre
de ceux qui, étrangers aux mouvemens de
la révolution, victimes de ses désordres, ont
pris en aversion tout ce qu'elle a enfanté,
et ne conçoivent de gouvernement digne de
la France que celui que la révolution a renversé. Ces *indépendans* veulent la monarchie,
et le monarque vertueux que la restauration
nous a donné ; mais ils voudraient la charte
entière, sans loi d'exception, sans obstacle
au développement de l'opinion et de la pensée.

Les autres ont des vues plus profondes et
plus secrètes. Elevés dans les troubles de la
révolution, complices d'une partie de ses
excès, tourmentés du desir de s'élever à la
fortune et aux places, ils sont en conspiration
permanente, contre toutes les formes de gouvernement qui contrarient leur ambition, ils

veulent la démocratie, parce que la démocratie est le seul ordre de choses qui puisse s'accommoder à leurs vues; ils s'élèvent contre les grands, parce qu'ils sont nés petits, contre les riches parce qu'ils sont nés pauvres; tout ce qui se trouve devant eux est une barrière qui les importune et qu'ils veulent renverser.

N'espérez pas les ramener par des caresses et des sacrifices; ce n'est ni vos caresses, ni vos présens qu'ils veulent, mais la puissance. Pour réussir rien ne les arrête. Ils emploient également la force, la ruse, la trahison; leur dogme fondamental est : *qui veut la fin veut les moyens.* Rapprochés du peuple par leur rang et leur fortune, ils n'ont rien de ce qui peut exciter ses soupçons; ils ont tout ce qu'il faut pour l'agiter; ils lui parlent sans cesse de ses droits, plaignent les maux qu'il endure, lui montrent dans les grands et les riches, leurs ennemis naturels, et lui promettent un meilleur ordre de choses, s'il veut leur prêter son appui. *Paix aux chaumières, guerre aux châteaux*; voilà leur premier cri de ralliement, c'est avec ce cri qu'ils ont porté le fer et le feu dans l'habitation des grands, c'est avec ce cri qu'ils ont entraîné à leur suite la multitude égarée.

Tout ce que la révolution a enfanté de maux, est l'ouvrage de leur funeste politique; presque toujours vainqueurs, ils se sont accoutumés à compter sur le succès de leurs combinaisons; jamais les revers ne les ont abattus; quelques disgrâces qu'ils aient éprouvées, de quelque force que se soient entourés les gouvernemens, ils n'ont jamais abandonné leur plan et leurs espérances. Leur conspiration embrasse la France toute entière; il n'est pas une province, pas une ville qui n'ait ses affidés et ses complices : ses communications sont promptes et rapides comme l'éclair, et couvertes d'un voile impénétrable; rien n'a pu les dissoudre ni les interrompre; elles ont subsisté jusque sous le sceptre de fer de Napoléon, et si l'Europe tout entière ne se fût liguée pour le renverser, il est probable que la ligue des indépendans eût amené le même résultat.

Cependant, effrayés du retour des Bourbons, ils ont regretté sa chute; et pour arriver à un résultat plus conforme à leurs vues, ils n'ont pas craint de se jeter dans ses bras, ce sont eux qui l'ont rappelé de l'île d'El-be, eux qui l'ont ramené en France, qui l'ont rétabli dans le palais des rois; mais examinez leur conduite avec lui : à peine il est assis sur le trône, qu'ils cherchent à le renverser, à peine la fortune semble-t-elle l'abandonner, qu'ils désertent ses drapeaux; ils provoquent, ils pressent, ils lui arrachent une seconde abdication ; le projet d'une nouvelle répu-blique occupe toute leur pensée, c'est dans la populace armée qu'ils cherchent leur appui; et si la victoire des alliés ne triomphe pas de leurs efforts, on les verra encore sou-tenus des hordes des fédérés, renouveler toutes les violences, se livrer à tous les excès qui ont souillé la révolution.

Mais le roi est près d'arriver; alors que font-ils? Forcés de renoncer à leur plan de répu-blique, ils courent colporter la couronne de prince en prince; et pour ne pas obéir à leur souverain légitime, ils cherchent un maître hors de leur patrie; ils vont offrir le sceptre à un étranger. Et l'on pourrait croire que ces hommes devinssent jamais les amis du trône ! et qu'à l'appât de quelques faveurs et de quelques concessions populaires on pût

les attacher à la monarchie! Non , il faut renoncer à ces vains rêves , jamais ni les concessions populaires, ni l'appât de quelques avantages particuliers, ne les gagneront à la cause de
la légitimité ; la guerre entr'eux et le trône
est une guerre irréconciliable; point de paix et
de repos, s'ils ne sont comprimés par une main
vigoureuse; en vain se couvrent-ils du prétexte du bien public; en vain se donnent-ils
comme les défenseurs généreux et désintéressés de la charte constitutionnelle ; leur
secret est facile à pénétrer ; rappelez-vous
ce qu'ils ont fait autrefois, et par l'expérience du passé , apprenez à juger le présent. Lorsqu'en 1789, les députés de la nation
se réunirent pour délibérer avec le prince ,
sur les grands intérêts publics, que firent alors
les ennemis du trône? Par quels moyens une
factieuse minorité parvint-elle à subjuguer
la majorité , et faire triompher ses perfides
doctrines, contre le vœu même de la nation?
Ils se donnèrent pour les amis et les défenseurs des droits du peuple, ils déclamèrent contre le despotisme et la tyrannie , ils semèrent
la défiance entre le prince et ses sujets , ils
inondèrent le public de brochures et de pam-

phlets en faveur de la liberté, ils enivrèrent la multitude du récit des actes arbitraires, des persécutions chimériques, des conspirations imaginaires dirigées contre elle; ils fatiguèrent les ministres de leurs accusations et de leurs calomnies, ils forcèrent les plus habiles et les plus fidèles sujets du roi, à s'éloigner du trône. Ils comprimèrent les bons, par la crainte des méchans, ils armèrent les classes de la société les unes contre les autres, ils entretinrent par-tout le soupçon, la haine, la discorde et la vengeance; et quand ils eurent brisé tous les liens de l'ordre social, et rempli leur patrie de trouble, ils célébrèrent leur triomphe sur les ruines de l'état. Aujourd'hui que fait-on? On feint un dévouement sans borne pour la charte, on en réclame toutes les promesses, tous les priviléges. On montre à la multitude les grands, et sur-tout l'ancienne noblesse, comme des ennemis irréconciliables, comme les chefs d'une conspiration permanente contre les droits du peuple. On recueille avec avidité tout ce qui peut les rendre odieux et suspects; on leur suppose le projet de renverser la charte, de relever sur ses débris tous les abus de la féodalité. On jette sur l'avenir des nuages effrayans ; on n'ose point encore attaquer le monarque (ses vertus le défendent trop puissammet), mais on attaque les interprètes de sa volonté, on blâme tous les actes qui émanent du gouvernement ; on infecte leurs actions de tous les poisons de la méfiance et de la calomnie. On recherche avec une perfide diligence tout ce qui peut contribuer à leur ôter la confiance du public. Les souffrances du peuple, l'humiliation de la France, la perte des monumens des arts, sont l'ouvrage de leur malveillance ou de leur impéritie. On leur imputerait volontiers, jusqu'aux intempéries des saisons, jusqu'aux désordres des élémens, et la pénurie des récoltes.

Voyez, depuis que la loi sur la presse s'est relâchée de sa sévérité, cette inondation de brochures et de pamphlets ; en est-il un seul où l'on s'attache à consoler le peuple, à le soutenir par la promesse d'un temps meilleur, à l'éclairer sur les causes véritables de ses maux, à lui inspirer de l'attachement pour ses souverains ? Non, tout est dirigé contre l'autorité suprême, tantôt avec audace, tantôt avec perfidie. Qui croirait qu'un insolent

2

démagogue ose commencer ainsi son pamphlet révolutionnaire :

« Une monarchie constitutionnelle ne peut exister sans écrivains, nous dirons même sans *libellistes*, si l'on se plaît à nommer *libelles* ces ouvrages véridiques et populaires, qui suivent, pas à pas, la marche du gouvernement, avertissent le peuple dès que ses droits sont compromis, appellent fièrement les ministres au tribunal de la charte et de l'opinion, et veillent sans relâche sur le dépôt de nos libertés, sur ce pacte sacré, sans lequel il n'y aurait plus désormais ni roi, ni nation, ni patrie. En vain la charte consacrerait nos droits, si elle pouvait être violée sans qu'une foule d'écrits l'annonçassent aussitôt à la France entière ; en vain le peuple aurait des représentans, si des hommes éclairés n'observaient leurs travaux, et ne les proclamaient avec un noble enthousiasme ou une douleur patriotique. Tandis que la plus grande partie de la nation pourvoit aux besoins de la société, et fertilise pour nous la terre à la sueur de son front, il faut qu'elle trouve, dans les autres classes, des défenseurs de la justice et de la liberté, des surveillans fidèles, infatigables,

qui aient sans cesse les yeux fixés sur nos institutions, et, à la plus légère atteinte, tonnent
de toute part contre l'erreur ou l'arbitraire.
C'est un noble emploi de leurs talens; et leurs
veilles sont utiles à la chose publique. Tant
que leurs voix se feront entendre, on pourra
dire que la nation ne dort pas, et lève la tête;
si tout-à-coup ils se taisaient, ce morne si-
lence serait l'avant-coureur de la servitude.
Chez les Russes et les Turcs, il n'y a pas de
brochures; sous Louis XIV, elles n'avaient
pas encore paru, et en 89 elles annoncèrent
un nouveau siècle; sous Buonaparte, elles
disparurent; et, après lui, elles ont recouvré
leur salutaire influence : toujours on les a
vues naître et mourir avec la liberté. Nous
avions, il y a quatre ans, une constitution,
des sénateurs, des députés, et cependant nous
étions esclaves, parce que cette classe
moyenne de la société, où est le foyer des lumières, ne pouvait pas élever la voix contre
le despotisme et l'avilissement des assemblées
nationales. »

Sommes-nous donc reportés aux époques
désastreuses de 1793? sommes-nous destinés à
relire les pages insensées des Marat et des

Chaumette? Les lois veillent, il est vrai, et impriment aux méchans une salutaire terreur. Mais les lois offriront-elles un abri suffisant à la justice et à la vérité, si les oracles des lois peuvent être eux-mêmes l'objet des impudentes diatribes de quelques séditieux pamphletaires; si l'auteur d'une feuille effrontée peut ériger un nouveau tribunal révolutionnaire, et y traîner tous les jours les plus fidèles et les plus courageux interprètes des lois; si le bureau de chaque écrivain devient une cour d'appel, où les jugemens les plus solennels, les plus conformes à l'équité, puissent être réformés ?

Quels efforts cette fraction démagogique des *indépendans*, ne fait-elle pas depuis quelque temps, pour avilir la magistrature et briser le glaive de Thémis, dans les mains les plus intègres ! avec quelle scandaleuse irrévérence, la voit-on violer tous les jours le sanctuaire de la justice, pour en profaner les oracles ! On met en doute la conscience des magistrats; on invoque pour une certaine classe d'hommes une sorte d'inviolabilité, et si la juste sévérité des lois tombe sur quelqu'un des complices et des protégés de la faction, les airs retentissent de plaintes et d'accusations. Un *indépendant*, de quelques crimes qu'il soit couvert, est toujours un innocent; un indépendant condamné est toujours une victime égorgée.

Mais laissez subsister ce système de diffamation, que deviendront les tribunaux? et qui voudra désormais siéger sur les lis, si c'est à ce prix qu'il faut acheter cet honneur? Sans doute la France ne manquera point d'hommes courageux, qui feront leur devoir malgré tous les périls; mais serait-il prudent de les exposer au péril? et peut-on compter sur le respect dû à la dignité de leurs fonctions, si, comme les acteurs d'un théâtre, ils peuvent, tous les jours, devenir, dans le feuilleton d'un journal, ou les pages d'un pamphlet, l'objet de la censure ou de la risée publique? Dans les temps qui ont précédé la révolution, un arrêt du parlement eût fait appréhender au corps quiconque eût appelé de ses jugemens, autrement que par les formes légales; sévérité conforme à la justice : car si les juges peuvent se tromper, c'est encore avec les égards dus à leur dignité, qu'il faut relever leurs erreurs.

Non, les lois sur la liberté de la presse ne sont encore point suffisantes. Loin de moi la pensée de restreindre la noble faculté de publier son opinion, de communiquer sa pensée. Mais plus l'exercice de cette faculté est noble et important, plus il convient d'en comprimer les abus. Si avant de donner à un citoyen la permission de porter les armes à feu, on exige de lui une garantie, n'est-il pas juste d'en exiger une aussi de celui à qui l'on permet l'usage d'une arme mille fois plus redoutable que le fer et l'acier?

Qui voudrait habiter une terre où il serait permis à chacun de mettre ses opinions, ses intérêts, ses passions dans la balance de la justice; où le magistrat serait entouré d'espions et de délateurs, observant jusqu'à ses moindres paroles, pour en faire la matière des plus noires accusations, ou des interprétations les plus odieuses? Cependant laissez faire les ennemis de l'ordre public, et bientôt ni le ministre des autels, au milieu des fidèles, ni le professeur au milieu de ses élèves, n'oseront remplir leur honorable ministère, sans craindre d'être cités à la barre de ces écrivains qui se sont constitués les juges des hommes et les précepteurs du peuple. Quelle route plus sûre conduirait à la désorganisation de la société?

Mais cette désorganisation est nécessaire à ceux qui ne peuvent trouver leur intérêt qu'au milieu de la confusion et du désordre. Quand le bruit se répandit, il y a un mois, que bientôt les armées d'occupation quitteraient le territoire français, avec quels transports de joie n'accueillirent-ils pas cette nouvelle. Sans doute on peut se réjouir de voir sa patrie rendue à toute son indépendance, à toute sa dignité : ce noble desir est dans tous les cœurs français; mais ce n'était ni la gloire ni le bonheur prochain de la patrie, qui les touchaient, c'était l'espoir funeste de pouvoir bientôt tenter de nouvelles révolutions; et si l'on en doute, s'ils osent se plaindre qu'on les accuse à tort, je leur opposerai leurs propres aveux. Un de leurs écrivains, plus fameux encore par le nombre que par le mérité de ses pamphlets, n'enseignait - il pas tout récemment, *que le temps était passé où les personnes étaient quelque chose; qu'aujourd'hui les principes étaient tout , les personnes rien.*

Le secret de la faction n'est-il pas tout entier dans cette maxime anarchique ? Car si les personnes ne sont rien, qu'importe que ce soit le descendant de trente rois, ou le fils d'un bourgeois, un Français ou un Suisse qui règne sur la France ? C'est parce que les personnes sont quelque chose, c'est parce que nos lois constitutives ont irrévocablement établi l'ordre de succession, c'est parce que la France a gardé une inviolable fidélité à la loi salique, que la monarchie française a bravé les siècles. « Je sais ce que peut me dire le célèbre « coryphée des pamphletaires : vous dé- « naturez ma pensée, vous lui donnez une « interprétation perfide ; vous faites d'une « proposition générale un proposition parti- « culière ; le but unique de mes écrits est le « maintien de la monarchie et de la charte. » Mais quelle confiance peut inspirer un auteur qui, tourmenté du desir d'une célébrité qu'il poursuit sans cesse, et qui fuit toujours devant lui, fait constamment de son intérêt la base de ses opinions, et change de doctrine suivant les temps, les personnes et les lieux ? Veut-il qu'on lui rappelle sa pro-

fession de foi, si énergiquement exprimée au
sein d'un cercle constitutionnel, lorsqu'ap-
plaudissant à la proscription qui frappa, au
18 fructidor, les députés les plus illustres des
deux conseils, il s'écriait :

« Les préjugés, l'orgueil, la cupidité, la
« vengeance, la superstition, toutes les pas-
« sions ignobles ou furieuses se sont réunies
« autour de l'idée d'un roi.

« Il ne faut pas que sur toute l'étendue de
« la république, il se trouve dans une fonc-
« tion quelconque, depuis l'administrateur
« municipal de la plus petite commune,
« jusqu'aux dépositaires suprêmes de l'auto-
« rité exécutive ; depuis le commis le plus
« subalterne du bureau le plus obscur, jus-
« qu'au ministre chargé de la gestion la plus
« importante, un seul homme qui ne soit so-
« lidaire de la liberté républicaine, qui n'ait
« contracté envers elle d'indissolubles enga-
« gemens, qui ne porte dans son ame la con-
« fiance de sa force, la certitude de sa durée,
« et l'abandon du plus entier dévouement
« pour elle ».

Qu'ils renoncent donc, ces éternels artisans
de discordes, à l'espoir de déguiser leurs secrets

desseinssous l'apparence du zèle pour la charte et la liberté ; car je leur demanderai pourquoi (s'ils sont animés de tant de zèle pour la charte et pour la liberté) dans les cercles, au milieu des dupes qu'ils en doctrinent et qui les écoutent, ce sont eux qui affectent de donner les plus grands éloges au gouvernement de Buonaparte, les plus vifs regrets à ses belles institutions, à son mâle caractère, à ses glorieuses victoires, à ses nombreux monumens, à ses magnifiques travaux ; pourquoi ils affectent de pleurer la perte de ses conquêtes, d'intéresser à leur cause cette intrépide et généreuse armée, dont quelques chefs perfides ont pu séduire un instant la fidélité, mais qui sera toujours éminemment française, éminemment loyale; enfin pourquoi ils se parent d'une pitié mensongère pour ceux qui, par un indigne oubli de leurs sermens, et de coupables machinations contre leur légitime souverain, se sont attiré le sort qu'ils subissent aujourd'hui?

Qu'ils me disent, ces amans passionnés des idées libérales, comment ils concilient Buonaparte et la liberté? comment, pourquoi, par quelle singulière abnégation de leurs principes, ils se sont empressés, à l'époque de son retour, de siéger dans ses conseils, d'accéder à ce fameux acte additionnel, le monument le plus frappant de sa haine pour les idées libérales ?

C'est que le premier sentiment qui les domine, est la haine de l'ancienne dynastie ; c'est qu'ils sont prêts à tout pour consommer l'ouvrage qu'ils ont commencé ; c'est que s'ils peuvent se flatter d'obtenir de la clémence des Bourbons, l'oubli du passé, ils n'osent se promettre les honneurs, le crédit, les emplois, la fortune, seul but auquel ils aspirent ; c'est que leur intérêt personnel étant la base unique de leur conduite, il leur faut une France, non telle que la demande le bonheur du peuple, mais telle que l'exigent leur ambition, leurs craintes, leurs espérances.

Voilà quels sont les hommes qui se donnent pour les amis exclusifs de leur pays ; pour des cœurs fiers, généreux, désintéressés, pour des philosophes libres de tous préjugés, indépendans de toute considération. Voilà quelles sont ces prétendues sentinelles de la liberté.

Faut-il s'étonner maintenant de leur cons-
tante opposition au gouvernement, de la
persévérance avec laquelle ils s'appliquent à
semer par-tout les soupçons, les craintes, la
défiance; de leur activité à entasser les brochures, à recueillir tous les récits propres à
égarer la multitude, à exciter les méchans, à
refroidir les bons, à entretenir dans la nation
cette incertitude, ces doutes qui paralysent
son industrie, perpétuent son inaction, et pro-
longent cet état de malaise dans lequel elle
languit depuis si long-temps? Cependant tel
est l'art avec lequel ils savent se déguiser, qu'ils
sont parvenus à rallier à leur parti, à enga-
ger dans leur cause cette classe de citoyens
sages et éclairés, qui en déplorant les excès
de la révolution, reconnaissent néanmoins
que tout ce qui vient d'elle n'est pas pour cela
digne d'exécration, que si elle a produit
beaucoup de maux, elle a fait aussi quelque
bien; que du sein même de nos désastres, il
est sorti des institutions et des connaissances dont un grand peuple peut encore
s'honorer; que parmi les injustices qu'elle a
commises, il en est d'irréparables; que le sage
doit, lorsqu'il le faut, se soumettre à la néces-

sité; que le comble de l'imprudence serait de ne
vouloir capituler avec aucune considération,
et prétendre rejeter dans le néant trente
années que nulle puissance ne saurait abolir,
et pendant lesquelles les générations nais-
santes ont subi les variations que le temps
apporte nécessairement.

Mais qu'ils réfléchissent, ces hommes bien-
veillans, à la nature de leurs liaisons ; qu'ils se
demandent ce qu'ont fait, à d'autres époques,
ces hommes avec lesquels ils ne craignent pas
de pactiser aujourd'hui, et bientôt, revenus
d'une méprise funeste, ils briseront les in-
dignes liens qui les unissent, et sentiront que
cette guerre faite an gouvernement est une
guerre faite à la propriété, à la sûreté, au
repos et au bonheur de la nation.

Non, les amis sincères de la patrie, les hommes de bien qui ne veulent que sa gloire et
sa prospérité, qui sollicitent franchement la
jouissance pleine et entière de la plus libérale
des constitutions, ne s'uniront point avec
ceux qui, depuis trente ans, ne méditent que
le renversement des lois de leur pays.

Et quel fruit pourraient-ils se promettre de
cette union ? Se flatteraient-ils que revenus

de leurs erreurs, abjurant leurs doctrines révolutionnaires, ces anciens partisans de la démagogie se feraient avec eux, les soutiens de la monarchie constitutionnelle? Ah! qu'ils renoncent à ces trompeuses espérances.

J'ai vu autrefois la Montagne et la Gironde conspirer ensemble contre la monarchie; je les ai vu se jurer une alliance éternelle, partager les mêmes complots, se livrer aux mêmes fureurs, célébrer avec une joie égale leur funeste triomphe; et j'ai vu, un an après, ces mêmes Girondins (qui voulaient une république avec des lois) traînés à l'échafaud par ces mêmes Montagnards, qui voulaient une république sans autre loi que leur volonté et leurs intérêts. J'ai vu, lorsque l'assemblée constituante se sépara, Pétion et Robespierre, sortir ensemble se tenant sous le bras, en signe d'éternelle amitié; et les plaines de Bordeaux ont vu les oiseaux dévorer le cadavre de Pétion proscrit par Robespierre; et si l'on remonte à une époque plus éloignée, lorsqu'en 1789, le duc de la Rochefoucauld, le maire de Paris, Chapélier, Barnave, Thouret, siégeaient sur les mêmes bancs, lorsqu'ils soutenaient les mêmes motions, professaient les memes doctrines que les Barrère, les Merlin, les Pétion et les Robespierre, soupçonnaient-ils alors que ces hommes dont ils serraient la main tous les jours, ordonneraient bientôt ou leur massacre ou leur supplice?

On a dit que la révolution, comme Saturne, dévorait ses propres enfans; elle n'a rien perdu de ses habitudes, et quand il le faudra, elle dévorera plus facilement encore ses propres amis et ses alliés. Ainsi de quelque manière que j'envisage les liens qui unissent, et ceux qui veulent la monarchie avec ses lois constitutionnelles, et ceux qui feignent de vouloir les lois constitutionnelles pour perdre la monarchie, je vois cette alliance funeste pour la patrie, funeste pour le trône, funeste pour ceux qui veulent le conserver.

Il est des temps où l'esprit d'opposition doit céder à l'intérêt commun; il est des temps où attaquer le gouvernement, c'est attaquer la patrie elle-même; car le gouvernement a besoin de l'accord et de l'union de tous, toutes les fois que l'on conspire contre lui. C'est alors (s'il a des torts) qu'il faut les oublier; car le plus grand tort, c'est de perdre de vue l'intérêt et le salut commun.

Lorsque, l'année dernière, de fanatiques sectateurs d'une réforme parlementaire, portèrent le trouble à Londres et dans la province; lorsque la paix intérieure fut menacée, que firent les deux chambres? elles se réunirent au gouvernement, elles se hâtèrent de voter avec lui les mesures de salut public que réclamaient les circonstances. Toute opposition disparut, l'Angleterre toute entière ne fut animée que d'une seule pensée, celle du péril public. Les plus ardens adversaires du ministère cessèrent une guerre périlleuse et s'armèrent pour leur pays. Ainsi dans des temps plus éloignés, le sénat et le peuple de Rome oubliaient leurs discordes, quand un danger pressant menaçait la république; tous les ordres de l'état se rangèrent auprès de Cicéron, pour réprimer les fureurs de Catilina. Laissez les révolutionnaires à eux-mêmes, et la France n'a rien à craindre de leurs complots, car la France ne veut plus de révolution. Ils trembleraient de leur petit nombre, s'ils osaient se compter : dépourvus de considération, de faveur, de crédit, que pourraient-ils entreprendre? Se flatteraient-ils de soulever encore le peuple, en lui parlant de ses

droits ; mais le peuple désabusé par trente ans
de calamités, sait ce qu'il a désormais à attendre des grands prédicateurs de la liberté et
de l'égalité. Le peuple n'aspire qu'au repos et
à la tranquille jouissance de son industrie, il
ne cherche point de lui-même les révolutions; il ne sort de son repos que lorsqu'on
l'agite; la faim même le trouve patient et ré-
signé, toutes les fois que les méchans ne se
mêlent point de lui faire oublier ses devoirs.
Si l'on a pu, l'année dernière, le porter à
quelques excès, c'est que les conseils du dé-
sespoir se sont mêlés aux inspirations des
malveillans, encore n'a-t-on pu obtenir de
lui que des mouvemens partiels et isolés.

L'esprit de révolution n'est donc plus à
craindre, si ceux qui en sont encore animés,
ne trouvent nulle part d'auxiliaires; si levant
le masque qui les couvre, les gens de bien les
repoussent de leurs rangs, et les abandonnent
à leurs mauvais desseins.

« Mais, direz-vous, faut-il abandonner aussi
« la cause de la liberté, et pour des craintes
« imaginaires, se rendre complice du des-
« tisme? Ne voyez-vous pas avec quelle per-
« sévérance on travaille à nous priver de nos

« droits les plus précieux. La charte nous
« promet des avantages que la nation ré-
« clamait depuis trente ans, et les ministres
« trouvent chaque jour de nouveaux pré-
« textes pour en retarder la jouissance. L'an-
« cienne et féodale noblesse s'occupe sans
« relâche à ramener les anciens abus ; par-
« tout on conspire pour le rétablissement des
« châteaux, la restitution des biens vendus,
« la restauration des priviléges. L'autorité
« arbitraire se déploie sur tous les points ;
« chaque préfet, chaque maire s'érige en
« petit tyran dans la sphère de ses attribu-
« tions. La persécution éclate de toutes parts
« contre les amis sincères de la liberté ; igno-
« rez-vous les scènes tragiques qui ont en-
« sanglanté le midi ? N'avez-vous lu, ni
« *la Bibliothèque historique*, ni *le Surveillant*,
« ni l'*Homme gris*, ni tant d'autres coura-
« geuses brochures, qui jettent une lumière
« si funeste et si vraie sur la situation de la
« France ? »

Je connais les scènes tragiques qui ont en-
sanglanté le midi, il y a près de trois ans. J'ai
lu toutes les brochures dont vous me parlez,
et rien de tout cela n'a pu me faire dévier de

mes principes, ni méconnaître les maux plus réels qui nous menacent.

C'est assurément une cruelle calamité, que ce choc de partis, qui exalte les ames jusqu'au fanatisme. La raison, la justice, l'humanité perdent alors tous leurs droits. Mais dans cette guerre civile de la pensée et de l'intérêt, les plus coupables ne sont-ils pas ceux qui les premiers ont donné l'exemple de la persécution et de l'intolérance? La bibliothèque historique trace avec complaisance le tableau déplorable des scènes de vengeance, auxquelles les royalistes se sont livrés. Mais si les auteurs de cette bibliothèque sont animés d'un esprit de justice et d'impartialité, pourquoi ne tracent-ils pas avec les mêmes couleurs, les actes de fureur auxquels se sont antérieurement livrés les ennemis de la royauté? On parle sans cesse de réaction; mais la réaction est le résultat nécessaire de l'action. Dites-moi donc ce qu'ont fait ceux qui ont agi les premiers, et je verrai alors ce que j'ai à penser de ceux qui ont répondu à la violence par la violence. C'est une étrange prétention que celle des hommes de la révolution; ils veulent pouvoir opprimer leurs adversaires impu-

nément, et quand leurs adversaires recou-
vrent quelque avantage, ils ne veulent pas
qu'ils se souviennent des maux qu'ils ont
soufferts. Proscrire, massacrer, dépouiller un
royaliste, ce n'est rien; mais proscrire un
révolutionnaire, c'est un attentat inoui, qui
appelle toute la haine des hommes et toute la
rigueur des lois. Ne nous laissons point séduire par de vaines et hypocrites déclamations; que la loi soit égale pour tous; arrêtons
les vengeances, parce que les vengeances enfantent de nouvelles vengeances, et que dans
ce conflit de passions opposées et sans frein,
il serait impossible de prévoir le terme des
malheurs publics; mais ne souffrons pas non
plus, que des écrivains perfides sèment par-
tout l'inquiétude et la défiance, soufflent le
feu de la discorde, et suscitent de nouvelles
animosités, sous le prétexte hypocrite de
blâmer les anciennes. Et quelle autorité ont
d'ailleurs ces brochures, pour être citées
avec tant de confiance. Leurs auteurs sont-ils
des écrivains célèbres, des hommes connus
dans la société par l'élévation de leurs sentimens, la véracité de leur caractère ? Je
vois qu'il en est à peine quelques-uns qui

osent signer leurs écrits; et la plupart ne
m'offrent que des noms obscurs, et sans autorité. Si j'examine les faits contenus dans leurs
feuilles fugitives, je les vois pour la plupart
controuvés, faux, dénaturés. Ce n'est ni dans
des actes publics, ni dans des témoignages
dignes de foi, qu'ils cherchent les preuves de
leurs accusations, mais dans quelques jour-
naux étrangers alimentés par des correspon-
dances anonymes ou infidèles. Des écrivains
français ont déjà fait justice de ces menson-
ges, et il me serait facile de montrer que
presque toutes ces prétendues révélations
dont on fait tant de bruit, n'ont de réalité que
dans l'imagination de leurs historiens. La tac-
tique des hommes de la révolution est con-
nue. C'est toujours à la veille de nouveaux
complots, qu'ils travaillent à réveiller les
passions, ranimer les haines, agiter les esprits.
Ils avaient avant le 20 mars *leur Nain jaune*,
et leurs pamphlets imprimés ou manuscrits.
Ils ont aujourd'hui leur *Homme gris*, leur
Surveillant, leurs *Lettres normandes*, leur *Bibliothèque historique*, et cette foule de brochures qui inondent les magasins des libraires;
car ces sortes de feuilles précèdent toujours

les orages politiques, comme les feuilles des arbres emportées par le vent précèdent les orages du ciel.

On accuse les ministres, les fonctionnaires publics, les magistrats, parce qu'il faut se défaire des gardiens de la maison, avant d'en essayer la conquête. On recueille avidement, on commente avec malveillance les moindres fautes de l'autorité, les moindres erreurs de ses agens, pour affaiblir la confiance des bons et fournir des prétextes aux méchans. On feint de gémir sur les maux du peuple, pour l'intéresser aux complots que l'on médite; on lui montre les nobles comme des ennemis occupés à conspirer contre lui, afin de couvrir la conspiration qu'on forme contre eux; on prend tous les masques, on se déguise sous toutes les formes, pour tromper jusqu'aux élus s'il était possible. Mais ces élus seront-ils dupes de ces travestissemens? A qui persuadera-t-on, par exemple, que la vieille noblesse médite l'anéantissement de la charte? sur quels fondemens, sur quelles espérances bâtirait-elle un pareil projet? quelle armée lui fournirait son appui? quelle classe de la société s'enrôlerait sous ses enseignes? Pense-t-on que les habitans des campagnes courussent aux armes, pour rendre des priviléges à leurs anciens seigneurs, pour regarnir les garennes de lapins, les bois de cerfs et de sangliers, les plaines de lièvres, les colombiers de pigeons? S'il est quelques nobles qui aient rêvé un pareil dessein, ce sont des hommes perdus dans la foule, vieillis dans la routine et les préjugés, et devenus un objet de ridicule. Quand la noblesse de toute l'Europe donne le généreux exemple de s'associer à toutes les charges de l'état, et d'en partager le fardeau avec les autres classes de la société, qui pourrait avoir la burlesque pensée de rétablir en France un ordre de choses que le temps, la raison et la nécessité ont justement aboli? Les accusations contre la noblesse et le clergé ont été la ressource banale de tous les partis enfantés par la révolution; c'était le cri d'alarme de la convention, le cri d'alarme du directoire. En vérité ces armes sont tellement vieillies, tellement usées, que ceux qui s'en servent aujourd'hui, doivent en ressentir quelque honte.

Que dirai-je des reproches adressés aux ministres? Est-il vrai qu'ils méditent aussi le renversement de la charte; qu'ils sont aussi des ennemis secrets de la liberté? Mais des ministres qui ont présenté le projet de loi sur les élections, le projet de loi sur le recrutement de l'armée, peuvent-ils être raisonnablement soupçonnés de haïr la charte et la liberté? Parlons ici franchement, mettons de côté toutes les petites considérations qui détournent si souvent l'homme de bien, lui-même, des voies de la vérité; est-ce de bonne foi qu'on se livre à ces accusations? Je ne tiens aucune faveur des ministres, je n'occupe aucun poste de fortune ou d'honneur; si j'ai pu montrer quelque dévouement à la cause du trône, je n'ai recherché d'autre récompense, ambitionné d'autre prix de ma conduite, que la satisfaction de faire ce qui me paraissait bon. Je puis donc parler librement. Or, je le demande, est-il une situation plus difficile que celle où se sont trouvés les ministres depuis trois ans? est-il quelqu'un qui osât se dire: j'aurais mieux fait qu'eux? Est-ce une chose si facile que de capituler avec l'inexorable nécessité? et pouvaient-ils, sans compromettre le salut public, ne pas recourir à quelques-unes de ces voies extraordinaires , dont tous les états ont fait usage dans les circonstances inusitées? Fallait-il abandonner à la tourmente des passions, aux agitations des partis, les plus belles et les plus précieuses concessions de la charte? Accusera-t-on Rome d'avoir, dans les premiers siècles de sa gloire, méconnu les avantages de la liberté ? Cependant Rome n'avait-elle pas ses dictateurs ? Le peuple anglais qui , le premier, a su dans nos temps modernes , se donner un gouvernement libre au prix de tant d'agitations et de sacrifices, n'a-t-il pas prévu les cas difficiles où le roi pourrait légalement demander la suspension des priviléges les plus chers à la nation ? Si nos deux chambres ont adopté les propositions des ministres, n'en peut-on pas conclure que la majeure partie de la nation a partagé leurs opinions ? En vérité, la position des ministres est étrange. Ici, on leur reproche des intentions cachées contre la liberté; là, on les accuse d'entretenir les principes de la révolution, d'en protéger les intérêts et d'en favoriser les zélateurs. Dans cette alternative, quelle résolution prendra le gouvernement? faudra-t-il qu'il s'engage sous la bannière d'un parti , et qu'il reçoive l'impulsion au lieu de la donner?

Considérons sans passion, sans préjugé, sans intérêt personnel, le véritable état des choses. N'est-il pas démontré pour tout homme de bonne foi, que la nation ne veut ni démocratie, ni pouvoir absolu ; qu'elle veut le trône tel que la charte l'a constitué? Que si elle a déployé tant de joie à l'époque où le roi est rentré dans ses états, ce n'est pas seulement parce que les anciennes affections ne s'éteignent jamais, mais aussi parce que le roi en rentrant, lui apportait ce présent si précieux et si long-temps envié, d'une liberté fondée sur les lois, d'un gouvernement conforme au vœu public, conforme aux règles de la raison, aux principes de la justice. Si depuis le temps un concours de circonstances extraordinaires a mis en péril jusqu'à la liberté politique de la nation ; si dans ce mouvement violent et difficile, il a fallu renoncer momentanément à une partie des avantages dont la charte nous assurait la jouissance, est-ce la faute du ministère? Et ceux qui jettent des cris si vifs, si importuns, ont-ils bien le droit de s'en plaindre? à qui devons-nous l'état pénible où se trouve aujourd'hui la nation française? à qui devons-nous ce poids énorme de contributions que la nécessité nous impose? qui a provoqué tant de malheurs? La France serait-elle aujourd'hui pauvre, souffrante, humiliée, si une faction indocile et ambitieuse n'eût entrepris une seconde fois de ravir le trône au monarque légitime qui l'occupe? Et cette faction, quelle est-elle? je n'ai plus que ce mot à dire, sur les *indépendans* que j'ai signalés.

DES ROYALISTES (ULTRA).

Voici maintenant un autre parti, un parti qui annonce des craintes, non pour la perte de la liberté, mais pour la monarchie; un parti qui s'alarme de toutes les concessions que la prudence du gouvernement croit devoir faire à trente années d'orages, de changemens dans les lois, dans les intérêts et dans les esprits; un parti qui se présente entouré de tout l'éclat des sentimens les plus nobles, les plus généreux, de tous les avantages d'une fidélité inaltérable, d'un dévouement sans bornes, qui constamment opposé aux principes et aux égaremens de la

révolution, victime de ses fureurs, semble avoir le droit d'en parler sans ménagement, de réclamer le prix de sa constance et de ses services, et de flétrir d'un légitime affront tout ce que le génie de la révolution a élevé de monumens sur les débris de l'ancienne monarchie ! « La révolution, disent-ils , a
« renversé le trône ; il faut non-seulement le
« relever, mais l'établir sur ces fondemens an-
« tiques qui ont assuré sa perpétuité pendant
« quatorze siècles. Les temples ont été pro-
« fanés, les autels détruits, leurs ministres
« dépouillés et proscrits. Il faut rendre à la
« religion sa puissance et sa majesté ; il faut
« arracher ces semences d'athéisme que la
« main du méchant a semées dans le champ
« de l'Évangile. Des lois iniques ont trans-
« porté la propriété de celui à qui elle était,
« à celui à qui elle n'était pas ; il faut parler
« énergiquement aux consciences, et rétablir
« sur la terre le règne de la justice. Des su-
« jets infidèles ont trahi leurs devoirs, et
« mis le trône en péril ; il faut désormais que
« la défense du trône ne soit confiée qu'à des
« hommes éprouvés.

« Il faut que toute considération dispa-

« raisse devant la considération toute puis-
« sante du salut de la monarchie ; il faut, qu'ins-
« truit par l'expérience, le gouvernement re-
« pousse quiconque n'a pas fait ses preuves de
« fidélité. Alors, la monarchie triomphera ;
« alors, les germes révolutionnaires seront
« étouffés, et nous n'aurons plus à craindre
« de nouvelles perfidies. C'est ainsi que les
« ministres doivent traiter les grands inté-
« rêts de l'état, et non pas comme ils ont fait
« jusqu'à présent. Ils caressent les hommes
« de la révolution, ils méconnaissent les amis
« du trône, ils rejettent les services de ses
« plus ardens défenseurs, et par un excès de
« confiance et d'aveuglement, ils attisent, de
« leurs propres mains, les matériaux d'un
« nouvel incendie. »

Ainsi s'expriment ou à peu près les plus enthousiastes partisans de la monarchie ; et pour
appuyer leur doctrine, les brochures et les
pamphlets ne manquent pas. Mais parmi ces
amis du trône, comme parmi les *indépendans*, il
est deux classes bien distinctes : les uns, éprouvés depuis long-temps par une constance et
une fidélité inaltérables sont véritablement
inspirés par la noblesse de leurs sentimens,

Capables des plus généreux sacrifices, soumis courageusement aux rigueurs de l'adversité, ils n'expriment que ce qu'ils pensent; l'intérêt personnel n'entre pour rien dans leurs déterminations. S'ils se trompent, c'est avec honneur, parce que c'est avec franchise et loyauté. Semblables à ce Romain qui, banni de sa patrie par l'injustice de ses concitoyens, courut au secours de son pays quand il le vit en danger, ils seraient toujours prêts à défendre le trône au premier signal d'alarme; ils réclament le règne de la justice, parce qu'ils l'honorent; celui de la religion, parce qu'ils la révèrent; ils rejettent toute capitulation avec la révolution, parce qu'ils la regardent comme le principe de toute corruption, comme la source de tous les maux; ils respectent la charte, parce qu'elle émane du roi, et que tout ce qui procède du roi est un objet de vénération pour eux. Mais s'ils étaient consultés sur la meilleure forme de gouvernement, peut-être en proposeraient-ils une plus conforme aux temps anciens, plus rapprochée des vieilles institutions; ils blâment la marche du gouvernement, et ils se joignent aux *indépendans* pour attaquer les opérations du ministère, parce qu'ils se persuadent que le ministère se trompe, que de ce concours d'opposition peut naître un ordre de choses plus favorable à ce qu'ils appellent le bien public. On peut donc leur rendre cette justice, qu'ils ont des intentions pures, et que s'ils se joignent au parti de l'opposition, ce n'est, de leur part, ni dessein de nuire, ni calcul d'ambition, ni calcul d'intérêt.

Il n'en est pas de même de quelques autres : ils parlent le même langage, mais ils n'ont ni la même étendue d'idées, ni la même pureté de sentimens ; tout leur savoir est dans leurs souvenirs, leur entendement ne conçoit aujourd'hui que ce qu'ils ont conçu autrefois ; ils consultent, pour régler leurs jugemens, non la raison, mais leurs habitudes ; non la sagesse, mais l'orgueil. Ils se targuent d'un dévouement sans bornes à la monarchie, mais on reconnaît facilement que ce langage est plus dans la bouche que dans le cœur ; tout porte en eux le caractère de la vanité, plus que celui de la fierté. Ils vantent leurs anciens services, ils rappellent sans cesse les pertes qu'ils ont éprouvées ; les sacrifices qu'ils ont faits, ils ne craignent pas d'en réclamer hautement el prix; ils se croient les seuls appelés aux emplois éminens, aux charges et aux dignités de l'état; ils ne voient la France qu'en eux-mêmes; ils regardent comme la marque d'un génie supérieur, de blâmer tout ce qui n'est pas conforme à l'ancienne monarchie; ils n'osent pas censurer publiquement la charte, mais elle est en secret l'objet de leurs dédains: un gouvernement représentatif n'est à leurs yeux qu'une démocratie déguisée, à laquelle l'ame altière d'un gentilhomme ne saurait se soumettre. La France ne sera digne de leurs regards, que quand elle aura recouvré ses seigneurs et ses vassaux; quand le peuple sera le troupeau, les nobles les bergers, et le roi le propriétaire. Ainsi, pour les satisfaire, il faudrait abolir tout ce que le vœu de la nation a reclamé il y a trente ans, tout ce que la charte a consacré il y a quatre ans.

Heureusement cette classe de royalistes est peu nombreuse; elle se compose de quelques homme vieillis dans leurs premières habitudes, dont la pensée étroite, le cœur intéressé ne saurait s'associer à aucune idée nouvelle, dont la vanité ne saurait consentir à aucun sacrifice.

Cependant ce sont eux qui parlent avec le plus de confiance et de hauteur. Incapables de rendre raison de leur opinion, parce qu'elle n'est pas dans l'entendement, mais dans l'amour propre et l'intérêt, ils décident aveuglément, et parlent avec d'autant plus de hardiesse ,qu'ils ont moins de lumières.

Vouloir les convertir serait tenter l'impossible. Les jeunes gens, toujours habiles à saisir les ridicules, en ont déjà fait suffisamment justice; mais ne pourrait-on pas leur dire : « A quoi bon tant de clameurs qui se perdent dans les airs ? Pourquoi tant de prétentions que personne ne soutient ? Vous réclamez la préférence pour les emplois publics; mais soyez donc en état de les remplir. Vous voulez reprendre à l'armée le grade que vous y occupiez; mais reprenez donc la jeunesse, la force, la vigueur que l'âge vous a enlevées. Pensez-vous que l'armée soit aujourd'hui ce qu'elle était il y a trente ans? Dans un aussi long intervalle, combien de changemens dans les personnes et dans les choses! Vos mains déshabituées, depuis vingt ans, du maniement des armes, seraient-elles capables, s'il en était besoin, de lutter avec avantage contre ces phalanges étrangères aguerries par tant de campagnes laborieuses et de sanglans combats ? Vous étalez avec une complaisante ostentation le tableau des maux que vous avez soufferts, des pertes que vous avez essuyées. Certes, il n'est personne qui ne déplore les calamités de tout genre que la révolution a enfantées ; il n'est personne qui ne voulût, s'il était possible, réparer tous ces désastres. Votre situation est à plaindre. Vous avez quitté votre patrie dans l'intention de revenir bientôt combattre les factions qui la désolaient ; la fortune a trahi votre courage et votre fidélité ; vous y entrez aujourd'hui non en vainqueurs, mais en frères réconciliés ; un vaste incendie politique a englouti vos possessions : cet incendie a également dévoré les nôtres ; vous avez souffert et nous avons souffert comme vous, peut-être plus que vous : car nous étions plus près de l'ennemi, plus exposés à ses coups. Nous sommes tous couverts de cicatrices ; mais après tant de désastres, nous possédons le prince que tous nos vœux appelaient à la succession de ses pères. Le palais de nos rois n'est plus occupé par un étranger. Nous dormons paisiblement sur la terre de nos aïeux. Votre pied foule enfin le sol de la patrie ; ce n'est plus cette patrie prodigue pour vous, de faveurs et de richesses ; mais le bonheur de l'habiter n'est-il donc d'aucun prix à vos yeux ? Et si des circonstances indépendantes de vous n'eussent fait cesser votre exil, eût-il mieux valu terminer une carrière de douleurs loin de vos parens, de vos amis ? Faudra-t-il, pour réparer vos pertes, troubler l'état tout entier ? Êtes-vous les seuls sujets sur lesquels le roi doit étendre ses regards paternels ? Je veux bien admettre que tous ont quitté leur patrie, pour la venger des factions qui la désolaient, pour maintenir le trône contre ses ennemis. Mais si quelques-uns néanmoins, avaient été conduits par des motifs moins purs ; s'il s'était trouvé parmi ces preux et loyaux chevaliers, quelques hommes qui, dans leurs déterminations, eussent fait entrer quelque calcul d'intérêt ou d'ambition ; s'ils avaient fait de leur exil une sorte de jeu dont ils couraient volontairement les chances, croyez-vous que la nation fût tenue envers eux d'une grande reconnaissance, et qu'elle dût, parce qu'ils auraient perdu la partie, en rembourser les frais? Combien de fidèles et dévoués chevaliers l'armée de Condé a-t-elle jamais compté sous ses drapeaux? S'il était vrai que leur nombre ne se fut jamais élevé à plus de sept mille; si quelques-uns de ceux qui se vantent d'avoir servi sous ces nobles enseignes, eussent quitté le camp presqu'aussitôt qu'ils y étaient entrés, à quelles hautes récompenses auraient-ils le droit de prétendre? Enfin, s'il faut des récompenses pour tous ceux qui sont restés fidèles aux lois de leur pays et à la cause du trône, pourquoi n'en réclamons-nous pas aussi, nous, qui sans quitter la France, avons su braver les tyrans, et combattre avec quelque courage autour des débris du trône?

Il faut, après de grands désastres, savoir subir son sort. Des cris prolongés trop longtemps après la blessure, déshonorent le guerrier blessé; toute résistance est perdue contre la nécessité : toute menace, qu'on ne peut accomplir, devient un objet de ridicule et de pitié. Vous blâmez le gouvernement, parce qu'il marche sans vous écouter! Mais le pilote d'un bâtiment règle-t-il ses manœuvres sur les conseils des passagers? Voilà ce que j'aurais à dire à ces hommes follement exagérés, pour lesquels l'intérêt personnel est tout, l'intérêt public rien?

Mais il faut un autre langage pour cette classe de royalistes d'un esprit plus étendu, d'un caractère plus élevé, dont l'opposition tient à de plus nobles motifs; ils attaquent le systême ministériel, parce qu'instruits par le passé, ils tremblent encore pour l'avenir; trente ans de conspirations toujours renaissantes contre le trône, les tiennent dans un état de crainte et d'anxiété que rien ne saurait modérer. Ils voient par-tout des symptômes d'infidélité, des germes de trahison ; la sécurité des ministres les jette dans les plus vives alarmes; ils frémissent qu'ils ne se laissent surprendre de nouveau; ils croient les voir dormant sur les bords de l'abîme; le vingt mars est toujours devant leurs yeux; dès que l'horizon politique se charge de quelques nuages, ils se figurent aussitôt le retour de cette funeste journée.

Mais considérons les choses avec plus de sang-froid, et comparons la situation de la France en 1815 avec la situation de la France

én 1818; peut-on, avec quelque raison, se livrer aux mêmes terreurs? Les hommes de la
révolution (et sous ce nom, je comprends les
sectateurs de Buonaparte), ont-ils les mêmes
avantages? Leur patron est-il aussi près d'eux?
Ont-ils des soldats pour combattre, des offi-
ciers pour les commander, des trésors pour
les payer? l'armée royale entrerait-elle dans
leurs complots? Et l'issue des mouvemens
de Grenoble et de Lyon ne leur donna-t-elle
pas une leçon suffisante? On veut tenir loin
du trône des braves qui se sont trouvés en-
traînés par des circonstances au-dessus de la
prévoyance et de la force humaine? Mais
n'est-il pas constant que la plupart ont gémi
les premiers des maux de leur patrie, que
plusieurs n'ambitionnent que le moment où
ils pourront donner à la France et à son sage
et vertueux souverain, des preuves de leur
fidélité et de leur dévouement? Les défian-
ces, les ressentimens, ne doivent point être
éternels; que peut une nation divisée avec
elle-même? n'est-il pas temps de s'occuper
d'une réunion complète, d'une réunion fran-
che et sans souvenir? Elle est possible cette
réunion; que dis-je? elle est facile; les Français

n'ont point un cœur disposé à la haine ; aux premières apparences de la réconciliation, ils volent dans les bras les uns des autres. C'est vers cette réconciliation que la sagesse du roi a dirigé toutes ses vues. Les Français ont été constamment ses enfans ; il veut qu'ils le soient toujours, et ceux qui sont restés fidèles à leur père, et ceux qui, comme l'enfant prodigue, s'en sont éloignés quelque temps. Trois ans se sont écoulés depuisqu'une coupable et désastreuse machination a ramené la discorde, réveillé les souvenirs, ranimé les haines ; trois ans ne suffiront-ils pas à nos ressentimens ? et faudrait-il perpétuer ces cruelles divisions qui forment en France comme deux peuples différens toujours prêts à se combattre ? Non, les hommes bien intentionnés, les hommes véritablement amis de leur patrie, ne souffriront plus cet état malheureux ; ils se réuniront tous autour du sage monarque, dont toutes les pensées ne sont occupées que du bonheur de son peuple. Les amis les plus ardens de la monarchie ne voteront plus contre le gouvernement du monarque avec les ennemis les plus ardens de la monarchie ; ils rougiront enfin d'une al-

liance qui ne peut avoir pour eux que les plus
funestes résultats.

Car, supposons qu'un succès malheureux
couronnât leur opposition, qu'arriverait-il?
Ces partisans zélés de la monarchie, qui s'u-
nissent aujourd'hui aux partisans zélés de l'indépendance, réduits, après leur victoire, à
leurs propres forces, deviendraient le but
unique des premiers coups de leurs alliés. On
leur dirait : « Vous avez attaqué, non le trône,
« mais ses ministres, parce que vous vouliez
« y faire asseoir le despotisme ; nous l'avons
« attaqué, parce que le trône nous paraît es-
« sentiellement incompatible avec la liberté.
« Et quel pacte pouvez-vous former avec
« nous? Quelle alliance peut unir la liberté
« avec l'esclavage? Vous voulez une noblesse,
« des châteaux, des priviléges, nous voulons
« l'égalité ; vous demandez un monarque ab-
« solu, nous sommes ennemis de toute mo-
« narchie. »

Alors, s'engageraient de nouveaux combats ; alors, la multitude égarée s'armerait
contre vous ; alors, vous lutteriez en vain
contre l'ascendant de vos adversaires, et
vous reconnaîtriez, mais trop tard, ce que

l'homme ami de la paix, court de risque, dans la société des ennemis de l'ordre public.

Rappelez-vous ce qui s'est passé il y a trois ans. Croyez-vous que la funeste journée du vingt mars eut existé s'il y avait eu plus de sagesse et de modération dans les esprits? Si quelques aveugles enthousiastes de l'ancienne monarchie, quelques fanatiques adversaires de la révolution, n'eussent, par des écrits insensés, par de folles déclamations, troublé la sécurité publique, jeté des nuages sur l'avenir, suscité la défiance, et par la crainte du péril prochain, forcé les anciens chefs de faction à chercher leur salut dans de nouveaux désordres.

Tout nous fait donc un besoin de la paix et de l'union, tout nous fait un devoir de renoncer à un périlleux système d'opposition, de nous ranger autour du trône, pour montrer à ses ennemis, à quelles invincibles phalanges ils auraient à faire; si, de nouveau, ils entreprenaient de conspirer contre lui; l'union des esprits donnera plus de force et de liberté au gouvernement, fera pâlir les factieux, et nous assurera enfin la jouissance des bienfaits d'un gouvernement que les vœux de la nation ont appelé si long-temps, et qui nous a coûté tant de combats, de larmes et de sanglans sacrifices.

Je n'ai point parlé, dans cet écrit, d'une troisième classe d'adversaires de l'autorité qui combattent en apparence sous les bannières de l'opposition royaliste, mais qui ont en effet leurs couleurs et leurs enseignes particulières; s'ils décoraient leurs drapeaux de quelque devise, on pourrait y lire : *Dépit et vanité*. Ce n'est, en effet, ni pour l'intérêt du trône, ni pour l'intérêt des anciennes prérogatives, qu'ils s'arment contre la puissance, mais pour l'intérêt de leur amour - propre ; ils frondent le gouvernement, parce qu'ils ne gouvernent pas; ils se regardent sincèrement comme des esprits d'un ordre supérieur; ils offrent leurs conseils à tout le monde, et dans leur naïve vanité, ils se persuadent que tout état est perdu, qui ne s'éclaire point de leurs lumières.

Mais ces hommes si empressés à servir le gouvernement, dans quelle école ont-ils appris à gouverner? Quelle preuve ont-ils donné de l'étendue de leurs connaissances, de la supériorité de leurs talens? Est-ce un titre pour administrer un empire que d'avoir composé un joli roman? Et pourrait-on se regarder comme homme d'état, parce que l'on aurait, sur les bords de la Tamise, rédigé pendant quelques mois, quelques observations salariées sur l'état intérieur d'une grande nation? Il me semble que tout glorieux que soient ces avantages, il en faut de plus glorieux encore pour gouverner les peuples; mais l'amour-propre raisonne peu, et tel homme a régi assez médiocrement sa paroisse, ou son diocèse, qui se croit appelé à donner des leçons aux ministres et aux rois.

En publiant cet écrit, j'ai voulu parler aux hommes raisonnables, et non aux hommes de parti. Je ne m'étonnerai donc pas d'être également en butte, et à ceux qui se disent exclusivement les amis de la liberté, et à ceux qui se prétendent exclusivement les amis de la monarchie. Il me suffira d'obtenir le suffrage des amis de l'ordre et du bonheur public.

FIN.